글로벌틴 수련회 · 제자훈련 성경공부 시리즈

주인공 바꾸기

영접

권지현 지음

gtm

글로벌틴 청소년 수련회 · 제자훈련 교재의 구성과 사용법

수련회 · 제자훈련 교재

본 교재는 주로 2박 3일 혹은 3박 4일의 청소년 수련회를 위해서 만들어진 교재입니다. 또한, 이것은 청소년 제자훈련이나 리더양육교재로 사용하기에도 적합합니다.

교재의 구성은 영적수준에 따라 '영접', '확신', '성장' 의 3권으로 되어 있으며, 각권에는 4과의 성경공부가 들어가 있습니다.

하지만, '영접', '확신', '성장' 이 세권의 교재는 상승나선형의 형태를 띠고 있기 때문에 '영접' 편을 공부하지 않은 초신자가 '확신' 편이나 '성장' 편을 가지고 시작해도 큰 무리가 없도록 배려되어 있습니다.

교재의 구성과 진행 방법

성경공부의 각 과는 조원들끼리 충분히 아이스 브레이킹을 할 수 있는 '마음열기' 부터 시작하여, 그 과의 주제를 학습하는 '말씀듣기' 와 조원들의 소감과 기도를 나누는 '나눔 질문' 으로 구성되어 있습니다.

특별히 '말씀듣기' 부분은 주제를 환기시키기 위한 몇 개의 괄호 넣기를 제외하고는 내용부가 지문 처리되어 있어 조원들이 조금씩 나누어 읽기만 해도 큰 편차 없이 학습목표를 달성할 수 있도록 구성되어 있습니다(괄호 넣기 정답은 각 과의 끝에 있습니다).

성경공부 진행 시간은 마음열기 20-30분, 말씀듣기 20-30분, 나눔 질문과 기도 20-30분 정도로 진행하시면 됩니다.

수련회에서 사용할 경우, 2박3일의 일정에는 첫째 날 1과, 둘째 날 2,3과, 셋째 날 4과를 진행하는 것을 권장 드리며, 3박 4일의 경우는 둘째 날에 1,2과, 셋째 날에 3,4과를 오전 오후로 나누어 진행하는 것을 권장 드립니다.

부록 사용법

성경공부 뒤에 들어 있는 3일치의 큐티 내용은 성경공부와 같은 맥락으로 구성되어 있기 때문에 함께 사용하실 경우 훨씬 큰 효과를 볼 수 있습니다. 2박3일의 경우는 첫째 날 저녁과 둘째, 셋째 날 아침에 큐티 시간을 가져주시고, 3박 4일의 경우는 둘째 날부터 매일 아침 큐티 시간을 가져 주시면 되겠습니다.

또한, 부록으로 들어 있는 공동체 게임은 프로그램 중간 중간에 적절하다고 생각되는 것을 배치하셔서 활용하시면 수련회가 은혜로울 뿐 아니라 수련회와 훈련에 참여하는 모두에게 즐거운 시간이 될 수 있도록 돕기 위한 것입니다.

아무쪼록 이 교재가 우리의 가장 소중한 다음 세대인 청소년들과, 운영하기가 가장 힘든 청소년부에 도움과 축복이 될 수 있길 기도드립니다.

*본 교재는 개역개정판 성경을 사용하고 있습니다. (QT본문은 쉬운성경)

C ontents

영접 –주인공 바꾸기

부록

About QT · How to QT

아침 QT 3일치

공동체 게임

나를 사랑하시는 살아계신 하나님

제1강

 마음열기 — 나를 소개합니다.

각 질문에 적절한 답을 말하며 자신을 소개해봅시다.

신장(cm)

IQ=?(   )

내가 가지고 있는 꿈은?

내가 좋아하는 사람의 모습은?

시력(좌: 우:)

좋아하는 음식?

하나님께 한 가지를 위해 기도한다면?

내가 가장 사랑 하는 대상은?

손으로 하기 좋아 하는 일은?

내 손으로 남을 도와 줄 수 있는 일?

누군가에게 주고 싶은 것?

발로하기 좋아하는 운동?

내가 가고 싶은 곳?

지구가 떠받히는 무게?(KG)

신발사이즈(mm)

하나님이 천사를 시켜서 지상에서 가장 아름다운 것 3가지를 가지고 오라고 했습니다.
천사는 꽃, 아기의 미소, 아기를 안은 엄마의 품을 선택했습니다. 그런데 꽃은 운반과정에서
시들고, 아기는 운반과정에서 커서 여드름 가득하고 반항적인 청소년으로 바뀌었는데,
엄마의 품만 변하지 않았습니다. 이처럼 아기를 안은 엄마의 품은 아름답습니다.
그런데 이보다 더 아름다우면서 영원한 것이 있습니다. 그것이 바로 하나님의 사랑입니다.

1. 과연 하나님은 존재하는가?

1) ☐☐ 이 보여주는 증거

지구가 태양을 한 바퀴 도는 데 걸리는 시간은 정확하게 365일 5시간 48분 48초입니다.
지구뿐 아니라 태양계와 온 우주의 모든 별들도 한 치의 오차도 없이 체계적으로 움직이
고 있습니다. 또 인간의 머릿속에는 400억 개가 넘는 신경세포가 들어 있어서 각자의 활
동을 하고 있습니다. 이것은 가장 정교한 발명품인 우주선의 부품보다 더 많은 숫자입니
다. 이와 같은 사실은 하나님의 존재를 증명해주는 것입니다. 왜냐하면 작은 집 한 채나
작은 물건 하나도 관리하는 사람이 없으면 곧 엉망이 될 수밖에 없기 때문입니다.
롬 1:20 창세로부터 그의 보이지 아니하는 것들 곧 그의 영원하신 능력과 신성이 그가
만드신 만물에 분명히 보여 알려졌나니 그러므로 그들이 핑계하지 못할지니라

2) ☐☐ 가 보여주는 증거

"하나님 심판의 맷돌은 천천히 도는 것 같아도 '미세한 불의' 까지 반드시 갈아내고 모든
악을 선으로부터 갈아낸다" 역사학자 찰스 베어드는 역사의 연구결과 이와 같은 결론을
얻었습니다. 인류 역사상 악이 궁극적으로 선을 이긴 경우는 단 한 번도 없습니다. 이와
같은 역사는 선하고 공의로우신 하나님의 존재를 증명하고 있습니다.

3) ☐☐ 이 보여주는 증거

성경은 66권의 모음으로 된 책으로 대략 1500년에 걸쳐 약 40명의 기록자들에 의해 기
록되었습니다. 첫 기록은 지금으로부터 무려 3500년 전의 기록으로 이것은 현존하고 있
는 고대 자료 중 가장 오래된 것 중의 하나라고 할 수 있습니다. 하지만, 이같이 오래된
책이 오늘날도 가장 많은 사람들이 보고 있으며, 보는 사람들을 그렇게 철저히 변화시키
고 있다는 것은 신비한 일이 아닐 수 없습니다. 또 한 가지 성경의 신비는 서로 만난 적
이 없는 40명 이상의 저자들에 의해 기록된 모음집인 성경이 가진 완전한 통일성입니
다. 이 같은 점들 때문에 우리는 이 책이 단지 인간의 역작이 아니라 '하나님의 책' 임을
확신하게 됩니다. 성경을 읽고 들음으로 오늘도 우리는 살아서 역사 하시는 하나님을 만
날 수 있습니다.

살전 2:13 이러므로 우리가 하나님께 끊임없이 감사함은 너희가 우리에게 들은바 하나님의 말씀을 받을 때에 사람의 말로 받지 아니하고 하나님의 말씀으로 받음이니 진실로 그러하도다 이 말씀이 또한 너희 믿는 자 가운데에서 역사하느니라

4) ☐☐가 보여주는 증거

기도는 하나님의 살아계심을 개인적으로 확인하는 가장 구체적인 방편이라고 할 수 있습니다. 성경은 하나님께 기도하는 자에 대한 응답의 약속으로 가득 차 있습니다. 오늘도 너무나 많은 사람들이 기도를 통해 하나님의 살아계심을 확인하고 있습니다.

시 91:15 그가 내게 간구하리니 내가 그에게 응답하리라 그들이 환난 당할 때에 내가 그와 함께 하여 그를 건지고 영화롭게 하리라

2. 하나님은 어떤 분이신가?

1) ☐☐의 하나님

하나님은 그 이름이 사랑이실 정도로 사랑 그 자체인 분이십니다. 그러므로 하나님의 사랑을 모르면 하나님을 전혀 모르는 것입니다.

요일 4:8 사랑하지 아니하는 자는 하나님을 알지 못하나니 이는 하나님은 사랑이심이라

하나님은 모든 것을 사랑으로 대하십니다. 아무도 보지 않는 산속에 핀 꽃 한 떨기도 그렇게 아름다운 것은 그것에 사랑의 눈길을 보내는 하나님이 계시기 때문입니다.

시 145:9 여호와께서는 모든 것을 선대하시며 그 지으신 모든 것에 긍휼을 베푸시는도다

2) ☐☐의 하나님

하지만, 하나님의 사랑은 대다수 세상 사람들의 사랑과는 달리 결코 인정에 치우쳐 정의를 굽히지는 않습니다.

신 32:4 그는 반석이시니 그가 하신 일이 완전하고 그의 모든 길이 정의롭고 진실하고 거짓이 없으신 하나님이시니 공의로우시고 바르시도다

이와 같이 완전한 사랑과 완전한 공의의 정점에 구성된 하나님의 사랑을 '거룩한 사랑'이라고 합니다. 이 같은 사랑만이 참으로 사람을 바르고 행복하게 할 수 있는 것입니다.

3. 나와 하나님은 무슨 관계인가?

하나님께 있어 당신은 아주 특별한 존재입니다. 당신은 다른 모든 피조물들과는 달리 하나님의 형상을 따라 창조하셨다고 가르칩니다.
창 1:27 하나님이 자기 형상 곧 하나님의 형상대로 사람을 창조하시되 남자와 여자를 창조하시고

뿐만 아니라 하나님은 자기의 형상을 따라 지은 당신을 친히 □□ □□처럼 생각하십니다.
약 1:18 그가 그 피조물 중에 우리로 한 첫 열매가 되게 하시려고 자기의 뜻을 따라 진리의 말씀으로 우리를 낳으셨느니라

대부분 부모에게 자신의 자녀라는 사실 한 가지만으로도 평생토록 조건 없이 사랑할 수 있는 충분한 이유가 되는 것처럼 하나님도 자녀 된 우리를 그렇게 사랑하십니다.

당신은 돈벌이를 위해 태어난 비천한 도구가 아니고, 영들에 눌려 두려워하며 살 존재도 아니며, 사랑받기 위해 태어난 아름답고 존귀한 존재입니다.

이 때문에 하나님은 당신을 무엇과도 비교할 수 없는 존재로 여기십니다.
성서의 시인은 이렇게 노래하고 있습니다.
시 8:4-5 사람이 무엇이기에 주께서 그를 생각하시며 인자가 무엇이기에 주께서 그를 돌보시나이까 그를 하나님보다 조금 못하게 하시고 영화와 존귀로 관을 씌우셨나이다

부모는 자기의 사랑스러운 자녀를 품에 안아 기릅니다. 어머니가 그 자녀를 자기 품에 안고 있을 때만큼 그 자녀에 대한 사랑이 강렬할 때가 없습니다. 하나님 아버지께서도 어머니처럼 사랑하는 자녀인 우리를 자기 품에 안아 기르십니다. 엄마는 아기를 노년이 되기까지 품고 있을 수 없습니다. 그러나 하나님은 우리를 백발이 되기까지 영원토록 품으십니다. 이와 같은 하나님의 사랑에서 우리를 끊을 것은 하나도 없습니다.
사 46:3-4 …배에서 태어남으로부터 내게 안겼고 태에서 남으로부터 내게 업힌 너희여 너희가 노년에 이르기까지 내가 그리하겠고 백발이 되기까지 내가 너희를 품을 것이라 내가 지었은즉 내가 업을 것이요 내가 품고 구하여 내리라

나눔질문

★ 옆의 예화를 조원이 돌아가면서 읽고, 깨달은 점을 나누어봅시다.

★ 당신은 하나님의 존재에 대해 어느 정도 믿음이 있습니까?

★ 지금까지 내가 믿고 있던 하나님은 어떤 이미지의 하나님이셨습니까?

★ 이번 기간을 통해 나를 사랑하시고 품에 안아 기르시는 하나님을 만나기 위해 내가 할 수 있는 것에는 어떤 것들이 있을까요?

정답: ①자연 ②역사 ③성경 ④기도 ⑤사랑 ⑥공의 ⑦낳은 자녀

사랑의 조가비

예화

일본의 2대 성인 중의 한 분이라 불리는 마스자끼 목사님의 감동적인 일화이다.

어느 날 밤, 마스자끼 목사님은 어떤 문제에 부딪혀 자기 집 뒤의 바닷가에 기도하러
나갔다. 그는 그날 밤 모래밭에서 정말 몸부림치면서 먼동이 틀 무렵까지 계속 기도하고
있었다. 그때 목사님은 마음속에 하나님의 사랑에 대한 강렬한 확신이 솟아나는 것을
느끼며 몸은 지쳤지만 밝은 마음으로 집으로 돌아왔다.
그런데 수돗가에서 세수를 하려고 할 때였다. 오른손에 무언가 쥐고 있는 것이 느껴져
손을 펴보니 그 근방에서 본 일이 없는 조개껍데기가 들어 있었다. 목사님은 이 처음
보는 조개껍데기에 감동이 되어 즉시 그 방면에 일가견이 있는 사람에게 봐달라고
초청을 했다. 그러나 그 사람도 처음 보는 조개껍데기라며 그것을 해양 과학자에게
보내었다. 놀랍게도 그것은 일찍이 발견된 적이 없는 새로운 조개라는 사실이 밝혀졌다.
그리하여 이 조개는 마스자끼 목사님이 최초로 발견한 것으로 세계 학계에 보고되었다.
이 사실이 알려지자 외국에서 일부러 이 조개를 보고 싶어서 찾아오는 학자들도 있었고,
돈은 얼마든지 낼 테니 자기에게 양보해 달라는 사람도 있었다.
그러나 목사님은 그것을 아무에게도 양보할
수가 없었다. 그것은 마치 사랑하는
연인에게 예쁜 조가비를 주워 선물하는
것처럼 하나님께서 그의 손에 꼭
쥐어주신 소중한 사랑의 증표였기
때문이었다.

내게 너무 해로운 죄

  마음열기 - 기역에서 히읗까지

ㄱ(기역) ~ ㅎ(히읗)까지의 다양한 자음으로 시작하는 단어들을 보고
당신을 잘 묘사한 단어들을 선택합니다. 없을 경우에는 각 자음에 해당하는
단어를 적절히 만들어도 좋습니다.
빈칸을 채운 후, 자신이 어떤 사람인지에 대해 나누어봅시다.

ㄱ _____ (고지식, 근면, 긍정적, 개방적, 거칠다, 개성이 뚜렷하다 등)

ㄴ _____ (낙천적, 냉정하다, 날카롭다, 논리적이다, 놀기를 좋아한다 등)

ㄷ _____ (동정심이 많다, 대식가다, 대범하다, 다정하다, 대책 없다 등)

ㄹ _____ (로맨틱, 리더십이 있다, 라이벌 의식이 강하다, 루머를 잘 듣는다 등)

ㅁ _____ (명랑, 모험적, 미래지향적, 민감, 목소리가 크다, 미인(미남)이다 등)

ㅂ _____ (밝다, 방정맞다, 부드럽다, 변화를 좋아한다, 반응속도가 느리다 등)

ㅅ _____ (소극적, 소탈, 소심, 사랑스럽다, 수줍다, 시기심이 많다 등)

ㅇ _____ (용맹, 유머러스, 온화하다, 열정적이다, 영적, 유행에 민감하다 등)

ㅈ _____ (적극적, 질투심이 많다, 지성적, 조용, 진실되다, 지저분하다 등)

ㅊ _____ (총명하다, 참을성이 있다, 천재적이다, 창의적이다, 친절하다 등)

ㅋ _____ (쾌활, 카리스마가 있다, 키스를 해보고 싶다, 캐묻기를 잘한다 등)

ㅌ _____ (태만하다, 통이 크다, 퉁퉁거린다, 트집을 잘 잡는다, 튼튼, 털털 등)

ㅍ _____ (평범하다, 풋풋하다, 포근하다, 팔방미인이다, 파괴적이다 등)

ㅎ _____ (활동적, 헌신적, 행복, 학구적, 화를 잘 낸다, 현명하다 등)

인간에게 위협을 주는 것은 사자나 독사 같은 큰 동물만이 아닙니다. 현미경이 아니고는 도저히 볼 수 없는 세균이 어떨 때는 우리의 생명을 위협하는 더 무서운 질병을 일으키기도 합니다. 또한, 보통 벼락이나 폭풍이나 몇백 년간이나 꿈쩍도 않던 거목들이 넘어지는 것은 손가락 하나로 눌러 죽일 수 있는 조그만 벌레들 때문입니다.
이와 마찬가지로 겉으로 드러나는 큰 죄악만이 우리 영혼을 멸망케 하는 것이 아니고 숨어 있는 작은 악한 생각들이 오히려 더 파괴적인 위험을 가진 것입니다.

1. 죄의 결과

1) 하나님의 사랑을 느끼지 못함

하나님은 우리를 세상 부모보다 더 사랑하십니다. 하지만 많은 사람들이 이 같은 하나님의 사랑을 전혀 느끼지 못하고 있습니다. 그 이유는 인간이 죄로 말미암아 하나님으로부터 분리되어 있기 때문입니다.

사 59:2 오직 너희 죄악이 너희와 너희 하나님 사이를 갈라 놓았고 너희 죄가 그의 얼굴을 가리어서 너희에게서 듣지 않으시게 함이니라

하나님은 완전한 사랑뿐 아니라 완전한 공의도 가지신 분이십니다. 이 때문에 범죄함으로 하나님으로부터 분리된 인간은 하나님의 사랑을 누릴 수 없게 된 것입니다.

이뿐 아니라 인간은 하나님의 생명에서 떠나 있게 되었습니다.

엡 4:18 그들의 총명이 어두워지고 그들 가운데 있는 무지함과 그들의 마음이 굳어짐으로 말미암아 하나님의 생명에서 떠나 있도다

그리고 인간은 하나님께서 원래 주셨던 영광스러운 모습을 잃어버리게 되었습니다.

롬 3:23 모든 사람이 죄를 범하였으매 하나님의 영광에 이르지 못하더니
(모든 사람이 죄를 지었기 때문에 하느님이 주셨던 본래의 영광스러운 모습을 잃어버렸습니다. -공동번역)

2) 죄의 종노릇, 죽음, 심판

(1) 죄의 ☐☐☐

인간은 죄를 안 짓고 싶다고 죄를 안 지을 수 있는 존재가 아닙니다.
신자는 하나님이 기뻐하시는 일을 하고 그런 삶을 살고 싶지만, 도리어 그것과는 정반대 되는 삶을 살 때가 많습니다. 이것은 우리가 죄의 종노릇하고 있는 존재이기 때문입니다.

요 8:34 예수께서 대답하시되 진실로 진실로 너희에게 이르노니 죄를 범하는 자마다 죄의 종이라

제일 처음에는 내가 나의 자유의지로 죄를 짓는 것 같이 보입니다. 그러나 일단 죄를 범하고 나면 죄가 나의 목덜미를 잡고, 내가 원치 않는 죄를 지을 수밖에 없도록 부리기 시작합니다. 이 때문에 인간은 끊임없는 고통 속에서 지내게 되는 것입니다.

롬 7:19 내가 원하는 바 선은 행하지 아니하고 도리어 원하지 아니하는 바 악을 행하는도다

죄는 마약처럼 순간적인 쾌락을 줍니다. 하지만, 결국은 헤어나올 수 없는 고통을 줄 뿐입니다.

(2) ☐☐

모든 인간은 죽습니다. 하지만 사망은 결코 인간의 자연스러운 운명이 아닙니다. 만약 그랬다면 인간에게는 죽고 싶지 않다는 욕구나, 죽음에 대해 두려워하는 마음 자체가 존재할 수 없었을 것입니다. 세상에 신맛이 존재하지 않았다면 신 것을 먹고 싶다는 생각도 존재하지 않았을 것과 마찬가지입니다. 그러나 모든 사람이 죽고 있는 현실 앞에서도 모든 사람은 죽기를 싫어하고 죽음을 두려워하고 있습니다. 그 이유에 대해 성경은 분명히 죽음이 죄로 말미암은 부자연스러운 결과이기 때문이라고 밝히고 있습니다.
약 1:15 욕심이 잉태한즉 죄를 낳고 죄가 장성한즉 사망을 낳느니라

(3) ☐☐

혹시 당신은 죽음으로 모든 것이 끝난다고 생각할지 모릅니다. 그러나 성경은 결코 죽음이 끝이 아니라고 말하고 있습니다. 만약 죽음으로 모든 것이 끝나버린다면 인간에게 있어 도덕이나 양심은 가장 쓸모없는 것에 지나지 않을 것입니다. 하지만, 죽음 이후에는 반드시 심판이 있습니다.
히 9:27 한번 죽는 것은 사람에게 정해진 것이요 그 후에는 심판이 있으리니

그리하여 죄로 말미암아 하나님으로부터 떠나 있는 사람은 영원한 멸망의 형벌을 받게 될 것입니다.
살후 1:9 이런 자들은 주의 얼굴과 그의 힘의 영광을 떠나 영원한 멸망의 형벌을 받으리로다

'주의 얼굴' 이란 하나님과의 교제를, '그의 힘의 영광' 이란 시시때때로 도우시는 구원의 능력을 의미합니다. 이와 같은 것에서 완전히 단절되고 갈수록 나빠질 일만 남아있어 희망이라고는 전혀 품을 수 없는 영원한 멸망만이 있는 삶이란, 참으로 두려운 일이 아닐 수 없습니다. 사실 당신이 종종 느끼는 공허함, 무의미, 죄의식, 두려움 등의 감정은 바로 이 같은 죄와 그 결과로 말미암는 죽음과 심판의 전조라고 할 수 있습니다.

2. 도대체 죄란 무엇일까?

당신은 무엇부터가 죄라고 생각하십니까? 법정에서 유죄판결을 받을 정도로 밝혀진 죄까지입니까? 아니면 발각되지는 않았지만, 만약 밝혀지면 교도소에 갈만한 행위까지입니까? 혹은 그 정도는 아니어도 자기 양심에 위배되는 행동을 한 경우까지입니까? 그런데 성경은 죄에 대해 위에서처럼 크든 작든 행동으로 드러난 범죄행위 외에도 분명히 죄가 되는 것이 있다고 말하고 있습니다.

1) ☐☐과 ☐로 짓는 죄
먼저 성경은 생각으로 짓는 범죄도 행위의 범죄와 동일한 것으로 취급합니다.
요일 3:15 그 형제를 미워하는 자마다 살인하는 자니 살인하는 자마다 영생이 그 속에 거하지 아니하는 것을 너희가 아는 바라
마 5:28 나는 너희에게 이르노니 음욕을 품고 여자를 보는 자마다 마음에 이미 간음하였느니라

왜냐하면 생각의 범죄는 일차적으로 반드시 말의 범죄로 나오게 되어있기 때문입니다.
눅 6:45 선한 사람은 마음에 쌓은 선에서 선을 내고 악한 자는 그 쌓은 악에서 악을 내나니 이는 마음에 가득한 것을 입으로 말함이니라
예수님은 이처럼 마음에서 나오는 악한 말에 대해 심판이 있을 것을 분명히 경고하고 있습니다.
마 5:22 나는 너희에게 이르노니 형제에게 노하는 자마다 심판을 받게 되고 형제를 대하여 라가라 하는 자는 공회에 잡혀가게 되고 미련한 놈이라 하는 자는 지옥 불에 들어가게 되리라
*여기서 '라가'는 '인간쓰레기 같은'이란 뜻으로 인격을 모독하는 말이고, '미련한 놈'은 '지옥에 떨어질'이란 뜻으로 영혼을 저주하는 말입니다.

2) ☐☐☐☐의 죄
그러나 성경이 말하는 가장 근본적인 죄이고 가장 무서운 죄는 하나님을 모시기 싫어함으로 하나님 중심에서 자기중심으로 바뀐 마음을 말하는 것입니다.
롬 1:28 또한 그들이 마음에 하나님 두기를 싫어하매 하나님께서 그들을 그 상실한 마음대로 내버려 두사 합당하지 못한 일을 하게 하셨으니

이처럼 자기중심적인 교만하고 이기적인 마음은 모든 죄의 근원입니다. 사실 사단의 출발점도 자신을 하나님처럼 높이려는 이 같은 교만 때문이었습니다.
사 14:13-14 네가 네 마음에 이르기를 내가 하늘에 올라 하나님의 뭇 별 위에 내 자리를 높이리라 내가 북극 집회의 산 위에 앉으리라 가장 높은 구름에 올라가 지극히 높은 이와 같아지리라 하는도다

이처럼 하나님 중심에서 자기중심으로 바뀐 사람은 소극적으로든지 적극적으로든지 범죄 할 수밖에 없습니다.
롬 1:28-32 또한 그들이 마음에 하나님 두기를 싫어하매 하나님께서 그들을 그 상실한 마음대로 내버려 두사 합당하지 못한 일을 하게 하셨으니 곧 모든 불의, 추악, 탐욕, 악의가 가득한 자요 시기, 살인, 분쟁, 사기, 악독이 가득한 자요 수군수군하는 자요 비방하는 자요 하나님께서 미워하시는 자요 능욕하는 자요 교만한 자요 자랑하는 자요 악을 도모하는 자요 부모를 거역하는 자요 우매한 자요 배약하는 자요 무정한 자요 무자비한 자라 그들이 이같은 일을 행하는 자는 사형에 해당한다고 하나님께서 정하심을 알고도 자기들만 행할 뿐 아니라 또한 그런 일을 행하는 자들을 옳다 하느니라

3. 나는 괜찮은 죄인일까?

하루에 단 세 번만 죄를 짓는 사람이 있다고 생각해 봅시다. 딱 한 번 음란한 생각을 하고, 딱 한 번 교만한 말을 하고, 딱 한 번 교만한 태도를 취했다고 합시다. 아마 이런 사람은 걸어다니는 천사라고 말할 수 있을지도 모릅니다. 그러나 만약 이렇게 산다고 해도 하루에 세 번씩 일 년이면 천 번 이상의 죄를 지은 것이 되고, 70평생이면 7만 번 이상의 죄를 지은 것이 됩니다.

그렇다면 7만 번 이상 전과 기록을 가진 사람이 하나님의 법정에 선다면 과연 스스로를 괜찮은 죄인이라고 생각할 수 있겠습니까?

그래서 성경은 모든 사람을 향해 전적으로 타락했다고 진단하고 있습니다.

렘 13:23 구스인이 그의 피부를, 표범이 그의 반점을 변하게 할 수 있느냐 할 수 있을진대 악에 익숙한 너희도 선을 행할 수 있으리라

렘 17:9 만물보다 거짓되고 심히 부패한 것은 마음이라 누가 능히 이를 알리요마는

자기의 건강이 심각한 상태에 있음을 아는 사람은 의사를 찾아가게 됩니다. 그러나 자기가 별문제가 없다고 생각하고 있으면 의사를 찾지 않게 되고 결국 손을 쓸 수 없는 상태가 됩니다. 마찬가지로 자기 죄의 심각성을 깨닫는 사람에게는 희망이 있습니다. 많은 신앙선배들이 이 사실을 진심으로 깨달았을 때 진정한 구원을 발견하게 되었습니다. 자신의 죄에 대한 자각은 구원으로 인도하는 첫걸음이 됩니다.

막 2:17 예수께서 들으시고 그들에게 이르시되 건강한 자에게는 의사가 쓸 데 없고 병든 자에게라야 쓸 데 있느니라 나는 의인을 부르러 온 것이 아니요 죄인을 부르러 왔노라 하시니라

 나눔질문

★ 옆의 예화를 조원이 돌아가면서 읽고, 깨달은 점을 나누어봅시다.

★ 오늘 공부를 통해 자신이 죄로 말미암아 하나님의 사랑을 누릴 수 없고, 죄의 종노릇과 죽음과 심판 아래 있다는 사실에 대해 깨달아진 것이 있으면 나누어봅시다.

★ 내가 지금까지 죄라고 생각하지 못하고 행했던 생각과 말의 범죄나 자기중심적인 교만의 죄 중 깊이 반성 되는 것이 있으면 나누고 하나님 앞에서 참회하는 기도의 시간을 가집시다.

정답: ①종노릇 ②죽음 ③심판 ④생각 ⑤말 ⑥자기중심

고장 난 저울

우리 모두의 속에는 고장 난 저울이 있습니다.

누가 꽃병을 깨뜨리면 우리는 "저 애는 왜 저리 경솔하지? 덤벙 되고 조심성 없고, 아휴, 큰일이야!" 합니다. 그런데 자기가 꽃병을 깨면 혀를 날름 내밀고는 "누가 여기 꽃병을 놔뒀네!" 합니다. 남의 행동은 경솔한 성격이고 자기의 그것은 실수입니다.

어떤 사람이 사고로 어린애를 치어 죽였습니다. 속으로는 '갑자기 찻길로 뛰어나온 아이 잘못이지… 어린애 하나 간수 못 하는 부모 책임이 더 크지!' 합니다. 그런데 막상 자기 아이가 차에 치어 죽으면 "어린애를 치어 죽이다니. 이 나쁜 놈아! 돈 같은 건 필요 없어, 애를 살려 놓으란 말이야!" 하면서 미친 듯이 울부짖습니다. 남의 행동은 살인이고 자기의 행동은 가벼운 과실입니다.

사람 몇 명만 모이면 즐겁게 남의 험담을 하고 또 듣습니다.

"걔는 옷을 너무 야하게 입더라. 부끄러워서 같이 못 다니겠다, 야."

"걔 요번에도 반에서 56등 했대. 그 애는 어찌 그렇게 공부를 못하는지, 신기하다."

"걔는 성질이 더러워서 큰일이야. 시집가면 신랑 고생 시킬 거야."

이렇게 험담을 즐기고 집으로 돌아오다가 누군가가 자기 험담하는 것을 듣게 되면 벌겋게 달아올라 이를 갈고 울부짖고 증오하고…. 그다음부터는 얼굴을 맞닥뜨려도 콧방귀를 끼며 외면해 버립니다. 자기가 하는 것은 극히 공정한 판단이고 남이 하는 말은 모함이 되는 말입니다.

우리는 이렇게 지극히 자기중심이고 자기 위주입니다. 성경에서는 이와 같은 자기중심으로 인해 고장 나 있는 상태를 원죄라고 합니다. 우리는 모두 공평한 저울이 되시는 예수님을 중심에 영접해 드려야 합니다.

나를 위해 놀라운 일을 행하신 예수님

제3강

 마음열기 - 나의 우선순위

나의 우선순위는 무엇입니까?
다음 항목 중에서 선택한 후, 선택한 이유를 나누어봅시다.

돈	사랑	믿음	꿈	친구	명예	학위	직장	유머감각
건강	부모	자녀	지혜	친절	온유	화평	관계	선배	후배
신앙	헌신	음식	쉼	여행	열정	이해	종교	절제	기쁨
격려	운동	음악	의사	교회	책	공부	책임감	배려	예의바름
자유	충성	열심	지성	솔직함	참신함	흥미	인내	관대함	신용
효율성	집중력	공평함	성실함	여유	뛰어난 능력	기타		

1. 건강한 삶을 위한 우선순위 3가지는?

1)

2)

3)

2. 건강한 가정을 위한 우선순위 3가지는?

1)

2)

3)

3. 건강한 교회 공동체를 위한 우선순위 3가지는?

1)

2)

3)

말씀듣기

1945년 8월 18일 신앙의 정절을 지키기 위해 신사참배를 반대하던 목사님과 투옥 성도를 포함하여 민족지도자 5만 명 정도가 생매장이나 질식사 등의 방법으로 학살을 앞두고 있었습니다. 그러나 바로 3일 전 일본이 무조건적인 항복 선언을 하게 되므로 그들은 기적적인 생환을 하게 되었습니다. 그런데 범죄함으로 인해 죽음과 심판이라는 피할 수 없는 운명 아래 놓여 있던 당신에게는 이보다 더 놀라운 사건이 일어나게 되었습니다.

1. □□□ 의 □□ 이신 예수님

하나님의 사랑은 죄 때문에 죽게 된 당신을 그냥 내버려둘 수가 없어서 자기 아들을 구원자로 보내주셨습니다. 그분이 예수님이십니다.

많은 사람들이 예수님을 세계 3대 종교의 창시자, 위대한 성인으로 말합니다. 그런데 예수님은 자신을 하나님의 아들이라고 주장하셨습니다.

흔히 사람들은 성경을 어떻게 인생을 살아야 하는지에 대한 좋은 교훈을 담고 있다고 생각하지만, 성경이 기록된 가장 중요한 목적은 예수님께서 바로 하나님의 아들이심을 증거하기 위함입니다.

요 20:31 오직 이것을 기록함은 너희로 예수께서 하나님의 아들 그리스도이심을 믿게 하려 함이요 또 너희로 믿고 그 이름을 힘입어 생명을 얻게 하려 함이니라

예수님과 가장 가까이 있던 베드로는 예수님에 대해 이렇게 고백했습니다.

요 11:27 이르되 주여 그러하외다 주는 그리스도시요 세상에 오시는 하나님의 아들이신 줄 내가 믿나이다

이것은 의심 많던 제자 도마도 마찬가지였습니다.

요 20:28 도마가 대답하여 이르되 나의 주님이시요 나의 하나님이시니이다

식민 지배국의 장교였던 한 백부장은 인간적으로 보면 허망한 실패자의 죽음으로 보일 수 있는 십자가 처형 장면을 보면서 이렇게 고백했습니다.

막 15:39 예수를 향하여 섰던 백부장이 그렇게 숨지심을 보고 이르되 이 사람은 진실로 하나님의 아들이었도다 하더라

우리는 성경을 통해서 예수님에 대해 보게 될 때 그분이 분명히 하나님의 아들이심을 확신할 수 있게 됩니다. 그분은 죽은 자를 일으키고, 바다와 풍랑을 잠잠케 했으며, 소망이 없는 자에게 빛을 주고, 죄인을 성자로 변화시켰습니다. 그분은 진리를 깨달았다고 하지 않으시고 자신이 진리의 본체요, 길이요, 생명이라고 선언하셨습니다.

2. □□□□이신 예수님

헬라어 '그리스도'는 히브리어 '메시아'와 같은 단어로 '구세주'라는 의미입니다. 우리를 사랑하시는 하나님 아버지는 구약성경에서부터 인류를 죄에서 구원하기 위해 사람이면서 동시에 하나님이신 그리스도를 보내 주실 것에 대해 수없이 예언하고 있습니다.

사 9:6 이는 한 아기가 우리에게 났고 한 아들을 우리에게 주신 바 되었는데 그의 어깨에는 정사를 메었고 그의 이름은 기묘자라, 모사라, 전능하신 하나님이라, 영존하시는 아버지라, 평강의 왕이라 할 것임이라

그리스도가 사람이면서 동시에 하나님의 아들이어야만 하는 이유는 사람이 아니면 인류의 대표자가 되어 죄의 짐을 대신 질 수 없지만, 인간은 누구도 다른 사람의 죄를 대신 질 만큼 의롭지 못하기 때문입니다.

3. 예수님이 이 땅에서 하신 일

예수님께서는 어떤 일을 하셨기에 그리스도가 되십니까?

1) 하나님의 □□을 보여주심
첫째, 예수님은 하나님께서 당신을 얼마나 사랑하시는지를 자신의 삶을 통해 보여주셨습니다.
예수님의 삶과 말씀을 기록한 마태, 마가, 누가, 요한복음을 읽어보면, 예수님께서 당신을 얼마나 구체적으로 사랑하시는지, 얼마나 끝없이 용납하시는지 분명히 느낄 수 있습니다.

요 13:1 유월절 전에 예수께서 자기가 세상을 떠나 아버지께로 돌아가실 때가 이른 줄 아시고 세상에 있는 자기 사람들을 사랑하시되 끝까지 사랑하시니라

2) 우리의 □를 대신한 죽음
둘째, 예수님은 죄로 인해 하나님과의 관계가 단절되었고 죽음과 심판 아래 놓여 있었던 우리를 대신하여 죽음을 당하셨습니다. 이와 같은 대속의 죽음으로 말미암아 하나님의 공의를 만족시키시고 우리에게 하나님께 나아갈 수 있는 길을 열어주셨습니다.

벧전 3:18 그리스도께서도 단번에 죄를 위하여 죽으사 의인으로서 불의한 자를 대신하셨으니 이는 우리를 하나님 앞으로 인도하려 하심이라

이로 인해 당신은 하나님과의 관계를 회복할 수 있게 되었습니다.

히 10:19-22 그러므로 형제들아 우리가 예수의 피를 힘입어 성소에 들어갈 담력을 얻었나니 그 길은 우리를 위하여 휘장 가운데로 열어 놓으신 새로운 살 길이요 휘장

은 곧 그의 육체니라 또 하나님의 집 다스리는 큰 제사장이 계시매 우리가 마음에 뿌림을 받아 악한 양심으로부터 벗어나고 몸은 맑은 물로 씻음을 받았으니 참 마음과 온전한 믿음으로 하나님께 나아가자

3) 승리의 ☐☐
예수님은 죽으실 뿐 아니라 사흘 만에 부활하셨습니다. 이것은 구약성경에도 계속 예언된 내용입니다.
그런데 예수님의 부활은 전능하신 하나님으로서의 부활이 아니라 온전한 삶을 살았던 둘째 아담, 곧 인류 대표로서의 부활입니다.
고전 15:21-22 사망이 한 사람으로 말미암았으니 죽은 자의 부활도 한 사람으로 말미암는도다 아담 안에서 모든 사람이 죽은 것 같이 그리스도 안에서 모든 사람이 삶을 얻으리라

사람이었던 예수님께서 어떻게 죽음을 깨뜨리고 부활하실 수 있었을까요? 그것은 마치 살아있는 씨앗이 얼어붙은 땅을 뚫고 싹을 틔우듯이, 하나님의 뜻대로 사신 예수님의 생명도 결코 사망 아래 갇혀 있을 수가 없었기 때문입니다.
행 2:24 하나님께서 그를 사망의 고통에서 풀어 살리셨으니 이는 그가 사망에 매여 있을 수 없었음이라

부활은 당신을 위한 예수님의 대속이 성공하였음과 죄 문제가 해결된 당신도 부활할 것임을 증명해 줍니다.
고전 15:17-18 그리스도께서 다시 살아나신 일이 없으면 너희의 믿음도 헛되고 너희가 여전히 죄 가운데 있을 것이요 또한 그리스도 안에서 잠자는 자도 망하였으리니

예수님의 부활로 말미암아 죄와 사망으로 인류를 지배하던 사단의 권세는 깨어지게 되었습니다.
히 2:14-15 자녀들은 혈과 육에 속하였으매 그도 또한 같은 모양으로 혈과 육을 함께 지니심은 죽음을 통하여 죽음의 세력을 잡은 자 곧 마귀를 멸하시며 또 죽기를 무서워하므로 한평생 매여 종 노릇 하는 모든 자들을 놓아 주려 하심이니

이 때문에 당신은 이제 더 이상 죄와 사망과 심판 아래서 종노릇하지 않을 수 있게 되었습니다. 이제 당신은 지금까지와는 전혀 다른 삶을 살 수 있는 희망을 가지게 된 것입니다.

나눔질문

★ 옆의 예화를 조원이 돌아가면서 읽고, 깨달은 점을 나누어봅시다.

★ 예수님이 이 땅에서 하신 세 가지 일 중 현재 자신에게 가장 와 닿는 부분은 무엇인지 말해 봅시다.

★ 당신은 이 시간 베드로가 예수님을 향해 했던 "주는 그리스도시요 세상에 오시는 하나님의 아들이신 줄 내가 믿나이다"라는 고백을 드릴 수 있겠습니까?

워터게이트 사건과 부활의 확실성

여러분은 닉슨의 워터게이트 사건에 대해 들어본 적이 있을 것입니다. 1972년 대선을 앞둔 시점에 워싱턴 소재 워터게이트 건물 안에 있던 민주당 사무실에 절도범이 들었습니다. 단순 절도사건처럼 보였지만, 절도범 중 한 사람의 주머니에서 백악관 직원의 이름이 적힌 쪽지가 발견되면서 파문이 일기 시작했습니다. 그해 11월 공화당의 닉슨 대통령은 사상 유례 없는 압승으로 재선에 성공했고, 이듬해인 1973년 2월에는 지긋지긋하던 월남전을 종결시켜 대통령으로서 최절정의 인기를 구가했습니다. 하지만, 워터게이트 사건에 대통령이 직접 개입되어 있다는 정황이 포착되었고 의혹은 점점 더 확대되어갔습니다. 마침내 1973년 3월 21일 대통령의 보좌관들이 모여 조직적으로 닉슨 대통령은 이 사건과 전혀 무관하다는 내용의 거짓 증거를 준비하기에 이르렀습니다. 이 모의에 참여한 10명의 대통령 보좌관들은 엘리트 중의 엘리트들이었고, 모두 최고의 명성을 날렸던 변호사 출신이었기에 어떻게 하면 법률적으로 책임을 완벽하게 벗어날 수 있고, 어떻게 진술해야 이 같은 모의를 유지할 수 있는지 누구보다 잘 알고 있었습니다. 더욱이 그들은 모두 공화주의자였고, 특별히 닉슨의 열렬한 추종자들로서, 그를 위해서는 죽는 시늉까지 하는 사람들이었습니다. 닉슨 역시 그들을 각별하게 대우하여 막강한 힘을 실어주었습니다. 그래서 그들은 언제든지 전화한 통화로 전용기를 동원할 수 있었으며, 수조 원의 예산을 마음대로 주무를 수 있고, 군대의 이동이나 관리의 인선권 등 웬만한 나라 대통령이 부럽지 않는 막강한 권력을 행사할 수 있었습니다. 10명의 보좌관은 자신이 추종하는 닉슨을 위해, 그리고 자신들에게 주어진 명예와 특권을 지키기 위해, 그들의 법률적인 경험에 비추어 성공할 것이라는 확신이 들 때까지 서로 입을 완벽하게 맞추었습니다.

하지만, 이 같은 그들의 시도는 한 검사의 집요한 심문 앞에서 서로 진술이 사소하게 엇갈리기 시작했고, 결국 불과 18일 만에 모든 거짓말은 백일하에 폭로되고 말았습니다. 그리하여 그들은 서로에게 책임을 전가하였고, 대통령은 탄핵당하고, 그들은 유죄판결을 받아 교도소에 가는 것으로 끝나고 말았습니다. 그들이 실패한 가장 큰 이유는 그들이 지키려고 했던 것이 거짓말이기 때문입니다. 거짓은 어떤 시도로도 지켜지지 않습니다. 시간차이가 있을 뿐이지 거짓은 반드시 허물어지고 마는 것입니다.

한편, 이들 중 한 명으로 대통령 보좌관에서 하루 아침에 죄수로 전락하여 교도소에 수감되었던 사람 중 하나인 찰스 콜린은 이 사건을 거치면서 중요한 사실을 깨닫게 되었습니다. 그것은 미국 최고의 법률가인 자신들이 꾸민 거짓 증언이 18일도 넘기지 못한 채 끝난 것에 비추어 볼 때, 만약 예수 부활에 대한 제자들의 증언이 그들이 꾸민 거짓이라면 그것은 이미 이천 년 전에 공중 분해되어 버리고 말았을 것이라는 사실이었습니다. 왜냐하면 제자들은 모두 무식꾼들로서 아무리 입을 맞춘들 그들이 꾸민 거짓말이 지켜질 리가 없기 때문입니다. 게다가 그들이 증언한 내용은 죽은 사람이 부활했다는 결코 상식적으로 믿을 수 없는 일이었습니다. 게다가 예수 부활을 증언하는 대가로 그들에게 주어지는 것이 대통령 보좌관들에게 주어진 권세나 영광이 아니라, 원형경기장에서 사자 밥이 되거나 참수형이나 화형을 당하는 것뿐이었습니다. 하지만, 그들은 죽음마저도 전혀 개의치 않고 예수 부활을 외치면서 죽어갔고 바로 그 같은 제자들의 증언은 오늘 우리에게까지 이어졌습니다. 한 사람을 속일 수는 있습니다. 또 여러 사람을 단기간 동안 잠시 속일 수도 있습니다. 하지만, 여러 사람을 장기간 동안 계속해서 속이는 것은 불가능합니다. 그렇다면 이천 년이 지난 지금까지 무너지지 않고 전 세계의 수많은 사람이 확신하고 있다는 사실이야말로 예수님께서 부활하셨음에 대한 가장 분명한 증거가 아닐 수 없습니다.

예수님을 주인으로 모신 새로운 삶

제4강

 마음열기 – 스트레스

당신이 스트레스를 가장 많이 받을 때는 언제인가요?
스트레스를 해결할만한 자신만의 방법을 가지고 있나요?
아래의 질문에 답해보고 이를 조원들과 나누어봅시다.

1. 나에게 긴장이나 혼란을 가장 많이 주는 요인들은 무엇입니까?

☐ 내게 꼭 필요한 것이 없을 때 ☐ 해야 할 숙제나 일이 많을 때
☐ 밤늦도록 잠을 잘 수 없을 때 ☐ 친구에게 배신감을 느낄 때
☐ 부모님께 꾸중들을 때 ☐ 무시당할 때 ☐ 하고 싶지 않은 일을 해야 할 때
☐ 무조건적인 명령에 복종해야 할 때 ☐ 낯선 사람과의 어색한 자리 ☐ 기타

2. 긴장이나 피곤함, 혼란이 다가올 때, 내가 보이는 첫 번째 반응은 어떠한가요?

☐ 화를 낸다 ☐ 운다 ☐ 손톱을 깨문다 ☐ 계속 먹는다 ☐ 담배를 피운다
☐ 방에 틀어박힌다 ☐ 당황하거나 두려움을 느낀다 ☐ 근육이 경직된다
☐ 몸이 아프다 ☐ 조바심이 난다 ☐ 쇼핑을 한다 ☐ 다른 사람을 괴롭힌다
☐ 한 가지 일에 몰두한다 ☐ 아무 반응도 하지 않는다 ☐ 기타

3. 자신의 긴장이나 스트레스를 해소하는 방법은 무엇입니까?

☐ 음악을 크게 듣는다 ☐ 춤을 춘다 ☐ 기도한다 ☐ 친구와 수다를 떤다
☐ 산책한다 ☐ 애완동물과 논다 ☐ 성경을 읽는다 ☐ 글을 쓴다 ☐ 운동한다
☐ 컴퓨터를 한다 ☐ 여행한다 ☐ 좋은 책을 읽는다 ☐ 영화를 본다
☐ 취미생활을 한다 ☐ 책상이나 내 방을 청소한다 ☐ 게임을 한다 ☐ 기타

말씀듣기

당신은 가끔 모든 것을 다시 시작하고 싶다는 생각이 들지 않습니까?

학교, 선생님, 친구, 외모, 성적, 아파트, 차, 심지어 부모님까지 바꿨으면 좋겠다는 상상을 한 적은 없습니까? 그런데 만약 그 소원대로 모든 것이 다 바뀌고 나면 당신은 정말 행복해질까요? 그리고 그 행복은 얼마나 지속될 수 있으리라고 생각하십니까?

하나님은 이 모든 것이 바뀐 것과는 비교할 수 없는 놀랍고 영원한 행복이 보장되는 길을 예비하셨습니다. 당신은 단 한 가지만 바꾸면 완전히 새롭게 태어날 수 있습니다.

1. 참으로 □□ 하는 태도

이제 당신은 예수님의 속죄를 통하여 하나님의 사랑을 회복할 수 있게 되었습니다.
하나님께서 죄인을 위해 자기의 아들까지 희생시키신 것은 우리에게 아무런 조건 없이 구원을 주시겠다는 선언입니다.
롬 8:32 자기 아들을 아끼지 아니하시고 우리 모든 사람을 위하여 내주신 이가 어찌 그 아들과 함께 모든 것을 우리에게 주시지 아니하겠느냐

하나님께서 주시려는 구원은 우리가 생각하는 것보다 훨씬 더 큰 것입니다. 하지만, 이 같은 하나님의 구원을 받기 위해 필요한 태도와 결단이 있습니다.
하나님의 구원을 받기 위해 당신에게 제일 먼저 필요한 것은 하나님의 사랑을 믿고 자신의 죄에 대해 진심으로 뉘우치는 마음입니다.
하나님께서 찾으시는 것은 자신의 죄로 말미암은 상한 심령입니다.
시 51:17 하나님께서 구하시는 제사는 상한 심령이라 하나님이여 상하고 통회하는 마음을 주께서 멸시하지 아니하시리이다

하나님은 이처럼 회개하는 자를 가장 기뻐하십니다.
눅 15:7 내가 너희에게 이르노니 이와 같이 죄인 한 사람이 회개하면 하늘에서는 회개할 것 없는 의인 아흔아홉으로 말미암아 기뻐하는 것보다 더하리라

반대로 하나님은 회개하지 않는 자를 가장 미워하십니다.
롬 2:4-5 혹 네가 하나님의 인자하심이 너를 인도하여 회개하게 하심을 알지 못하여 그의 인자하심과 용납하심과 길이 참으심이 풍성함을 멸시하느냐 다만 네 고집과 회개하지 아니한 마음을 따라 진노의 날 곧 하나님의 의로우신 심판이 나타나는 그 날에 임할 진노를 네게 쌓는도다

1) 참된 회개가 포함하는 것
사실 기독교인에게 있어 회개란 무척 익숙한 단어입니다. 그래서 때로 과연 우리가 드리

는 회개가 진실한 것인지 의문이 생기기도 합니다. 우리의 회개가 진실한 것이 되기 위해서는 반드시 무엇을 포함해야 합니까?

(1) 자신의 죄 때문에 진심으로 고통하고 근심하는 것은 참된 회개의 증거입니다.
눅 18:13 세리는 멀리 서서 감히 눈을 들어 하늘을 쳐다보지도 못하고 다만 가슴을 치며 이르되 하나님이여 불쌍히 여기소서 나는 죄인이로소이다 하였느니라

(2) 참된 회개는 반드시 버려야 할 것을 버리는 구체적인 삶의 결단을 포함하는 것입니다.
눅 19:8 삭개오가 서서 주께 여짜오되 주여 보시옵소서 내 소유의 절반을 가난한 자들에게 주겠사오며 만일 누구의 것을 속여 빼앗은 일이 있으면 네 갑절이나 갚겠나이다

(3) 참된 회개는 지금까지 행위로 범죄한 것, 생각과 말로 범죄한 것 중 생각나는 모든 것을 토설하는 것입니다. 그중에서도 특별히 제일 많이 회개해야 할 것은 하나님 대신 자신이 스스로 주인이 되어 살아온 이기적이고 교만한 삶입니다.

(4) 참된 회개는 하나님의 사랑에 대한 분명한 확신 속에서 행해지는 믿음의 역사입니다. 그렇지 않은 것은 가룟 유다처럼 후회나 자포자기에 지나지 않는 것입니다.

이 같은 참된 회개에는 놀라운 축복이 따르게 됩니다.
고후 7:10 하나님의 뜻대로 하는 근심은 후회할 것이 없는 구원에 이르게 하는 회개를 이루는 것이요 세상 근심은 사망을 이루는 것이니라

2. ☐☐ 을 바꾸는 결단

당신은 예수님을 하나님이 보내신 유일한 구원자로 시인해야 합니다.
행 4:12 다른 이로써는 구원을 받을 수 없나니 천하 사람 중에 구원을 받을 만한 다른 이름을 우리에게 주신 일이 없음이라 하였더라

그리고 더 이상 자기가 자신의 주인이 되어서는 안 됨을 절실히 깨닫고 예수님을 주인으로 모셔 드리고 그분께 생명을 포함하여 당신의 모든 주권을 완전히 넘겨 드려야 합니다.
롬 14:8 우리가 살아도 주를 위하여 살고 죽어도 주를 위하여 죽나니 그러므로 사나 죽으나 우리가 주의 것이로다

그렇게 하면 당신은 다시 하나님의 사랑을 받는 자녀의 신분을 회복할 수 있습니다.
요 1:12 영접하는 자 곧 그 이름을 믿는 자들에게는 하나님의 자녀가 되는 권세를 주셨으니
예수님을 영접한 사람은 자기가 자신의 주인 된 삶과는 전혀 다른 삶이 기다리고 있습니다.

예수님을 주인으로 영접하는 자들이 누리게 되는 가장 놀라운 특권은 성령님을 받게 되고 성령님을 통하여 이 세상에서 하나님을 아빠라고 부르며 교제할 수 있는 친밀함입니다.
롬 8:15 너희는 다시 무서워하는 종의 영을 받지 아니하고 양자의 영을 받았으므로 우리가 아빠 아버지라고 부르짖느니라

뿐만 아니라 영접하는 자들은 장차 예수님의 영접을 받고 영생의 행복을 누리게 될 것입니다.
요 14:3 가서 너희를 위하여 거처를 예비하면 내가 다시 와서 너희를 내게로 영접하여 나 있는 곳에 너희도 있게 하리라

예수님은 이 시간 당신의 마음 문을 두드리고 계십니다.
당신은 진심으로 회개하고 예수님을 주인으로 영접하기를 원하십니까?
그렇다면 다음의 기도문을 진실한 마음으로 고백하십시오.

하나님, 저는 죄인입니다. 저의 마음과 행동은 온통 죄로 말미암아 더럽혀져 있습니다. 저는 이 같은 죄에 대해 진심으로 회개합니다. 그러나 하나님께서 이런 저를 구원하기 위해 당신의 아들을 보내주시고, 십자가에서 죽게 하셨음을 깨닫게 되었습니다. 하나님의 아들이신 예수님! 이제 저는 더 이상 내가 나의 주인이 되어 사는 죄악된 삶을 그치기 원합니다. 저의 삶에 주인이 되어주셔서 제가 하나님의 사랑을 누리는 삶을 살 수 있도록 도와주십시오.

당신은 진실한 마음으로 이 기도를 드리셨습니까?
그렇다면 성경의 약속대로 예수님께서 지금 당신 안에 들어와 계시고, 당신은 영원한 생명과 사랑을 회복하게 되었습니다.
요일 5:12-13 아들이 있는 자에게는 생명이 있고 하나님의 아들이 없는 자에게는 생명이 없느니라 내가 하나님의 아들의 이름을 믿는 너희에게 이것을 쓰는 것은 너희로 하여금 너희에게 영생이 있음을 알게 하려 함이라

한편, 영적으로 갓난아기와 같은 당신은 하나님의 성숙한 자녀로 자라가야 합니다.
하나님의 사랑을 더 많이 누리고 하나님의 사람으로 더 잘 성장할 수 있는 가장 좋은 방법은 다른 그리스도인들과의 교제에 힘쓰는 것입니다. 그리스도인의 교제에는 하나님이 함께하시기 때문입니다.
마 18:20 두세 사람이 내 이름으로 모인 곳에는 나도 그들 중에 있느니라

나눔질문

★ 옆의 예화를 조원이 돌아가면서 읽고, 깨달은 점을 나누어봅시다.

★ 자기 인생에서 참된 회개를 한 적이 있는지 돌아보고, 오늘 이 시간이 참된 회개의 시간이 되도록 기도하는 시간을 가집시다.

★ 예수님을 영접한 사람은 하나님께 감사하는 기도를 드리고, 예수님을 영접하기 원하지만 아직 믿음이 생기지 않는 지체가 있다면 위하여 중보 하는 시간을 가집시다. 믿음은 결코 논리가 아니라 하나님의 선물이기 때문입니다.

정답: ①회개 ②주인

믿음 보험 세일즈

"지금 저는 실로 그 어떤 보험도 이것과 비교해서 절반도 따라올 수 없는 놀라운 보험을 소개하겠습니다. 이것은 믿음 보험입니다. 우선 이 보험은 가입만 하시면 더 이상 아무런 부담을 드리지 않는다는 것이 가장 큰 자랑이라고 할 수 있습니다. 여러분의 책임은 보험약관에 예수님을 믿겠다는 서명을 하는 순간 단번에 다 이루어지는 것입니다. 그것만 있으면 결코 보험이 해약되지 않습니다.

이제 이 보험의 탁월한 혜택에 대해 설명해 드리겠습니다. 우선 죄 자동 삭제 기능입니다. 이 보험에 들게 되면 아무리 죄를 지어도 그 자리에서 바로 예수님의 보혈로 죄가 자동으로 없어지게 됩니다. 그러므로 죄책감이나 두려움 등에 대한 염려는 전혀 할 필요가 없습니다. 또 이 보험은 가입자가 그 효력을 의심 없이 믿을 때 다양한 보너스 상품을 주게 됩니다. 건강이 필요하면 건강을, 물질이 필요하면 물질을, 뿐 아니라 대학합격이나 직장에서의 승진, 사회적인 명성 등 여러분이 원하는 모든 것을 풍성하게 제공해 줍니다. 게다가 이것은 가장 든든한 사후 보장보험 역할마저 해줍니다. 당신이 죽게 되어 다시 눈을 뜨게 되면 바로 그곳이 천국일 것입니다.

여러분이 이 보험에 드는 것이 좋은 이유를 한 가지만 더 말씀드린다면 귀하의 교양과 품격을 생각해서입니다. 이 보험은 교양인의 필수품이라고 할 수 있습니다. 이미 사회의 많은 저명인사를 비롯하여 세련된 사람들이 이 보험에 들었고 이 보험의 효력을 즐기고 있습니다. 이 보험에 가입하는 것은 시대의 흐름에 상당히 잘 맞는 일이며 성공과 영광을 얻는 가장 손쉬운 지름길입니다. 이 놀라운 세일즈 앞에 많은 사람들이 줄지어 주께로 돌아오고 있습니다."

하지만, 이것은 진리를 호도하는 것이며 세상도 비웃는 교리적인 유희입니다. 우리가 믿기 때문에 천국에 들어간다고 주장하는 것은 바리새인들이 아브라함의 자손이기에 천국 백성이라고 주장하는 것과 똑같은 과오를 범하는 것입니다.

믿음의 증거는 지식적인 동의가 아니라 내적인 변화입니다. 성경에서 말하는 믿음이란 여행의 출발이지 목적지에 도착하여 짐을 푸는 것이 아닙니다. 그것은 믿는 자를 감동하여 십자가를 지고 어느 곳이든 주님이 가시는 곳으로 따라가려는 마음의 태도를 말하는 것입니다. 진정한 믿음은 세상에 속한 죄와 헛된 욕망을 버리고 세상 사람들의 눈에 가치 없어 보이는 진리를 보배처럼 받아들이게 하는 것입니다.

초대교회 신자들은 그들의 믿음의 대가가 생명과 자유가 위험하게 되는 미움 받는 소수집단의 일원이 된다는 것을 알고도 큰 감격 가운데 주님을 좇았습니다.

주님은 오늘을 사는 신자들에게 질문하고 계십니다.

"그러나 인자가 올 때에 세상에서 믿음을 보겠느냐"(눅 18:8)

아침에 QT를 해야 하는
몇가지 이유

왜냐하면 오늘도 주님 주신 새 하루
주님 뜻대로 살아야 하니까요.

하루라는 시간을 여행하기 위해선
말씀 만한 나침반이 없으니까요.

예수님이 나의 첫사랑 되신다면
그 분과 첫시간 갖는 건 당연하니까요.

잠 없으신 주님께선 밤새 심심해하며
우리를 기다리셨을지도 모르니까요.

주님의 말씀은 내 발의 등불이요
또 내 길의 빛이니까요.

아침식사가 건강에 좋듯이
아침묵상을 챙기는 것도 영혼에 좋으니까요.

아침에 처음 드는 생각이
하루를 결정짓기 때문이에요.

그리고, 사랑에 빠진 사람이라면 누구나...
아침에 눈 뜨자마자 그 사람 생각이 나기 때문이에요.

부록

Contents

큐티의 이유

예수님을 주인으로 모신 우리의 삶은 이전까지 자기가 스스로의 주인으로 살아온 삶과는 전혀 다른 것입니다. 이러한 익숙지 않은 삶으로 인해 여러분에게는 '앞날에 어떤 일이 일어날까? 바른길을 잘 선택할 수 있을까? 하는 두려운 마음이 생길 수 있습니다. 하지만, 우리의 주인이 되신 하나님은 우리 앞서서 행하시는 분으로서, 우리를 위하여 일하시며, 우리를 안전하게 보호하시며, 우리의 갈 길을 알려주는 분이십니다. 그러므로 두려워할 필요가 없습니다.

신 1:33 그는 너희보다 먼저 그 길을 가시며 장막 칠 곳을 찾으시고 밤에는 불로, 낮에는 구름으로 너희가 갈 길을 지시하신 자이시니라

하지만, 이처럼 좋으신 하나님께 잘 인도함을 받기 위해서는 우리에게도 준비가 필요합니다. 확실한 인도함을 위해서 당신은 우선 자기 자신을 의지하지 않아야 하며, 마음을 다해 하나님을 신뢰해야 합니다. 그리고 우리에게 일어나는 모든 상황 속에서 그분을 인정하고, 그분께 묻고 그분의 지시를 따라야 합니다.

잠 3:5-6 마음을 다하여 여호와를 신뢰하고 네 명철을 의지하지 말라 너는 범사에 그를 인정하라 그리하면 네 길을 지도하시리라
범사에 하나님을 인정하기 위해 우리가 훈련해야 할 가장 첫번째 생활습관은 큐티생활입니다.

큐티(Quiet time)란 조용한 시간이라는 뜻인데, 특별히 우리가 하나님과 단 둘이 고요한 시간을 갖는 것을 의미합니다.

큐티를 하는 이유

큐티를 해야 하는 첫 번째 이유는 매일의 걸음을 하나님께 인도 받기 위해서입니다.

시 143:8 아침에 나로 하여금 주의 인자한 말씀을 듣게 하소서 내가 주를 의뢰함이니이다 내가 다닐 길을 알게 하소서 내가 내 영혼을 주께 드림이니이다

우리는 하루라도 주의 인도하심을 받지 않고는 넘어질 수밖에 없는 존재입니다.

두 번째 이유는 예수님과의 사귐을 위해서입니다.

요 15:14 너희는 내가 명하는 대로 행하면 곧 나의 친구라

날마다 하나님의 말씀을 듣고 순종할 때 하나님과의 우정은 깊어지게 될 것입니다. 하나님과의 연애인 신앙생활에서 둘만이 만드는 조용한 시간이 얼마나 중요한지는 더 말할 것도 없습니다. 주님은 오늘도 고요한 예배당에서, 호젓한 산책로에서, 아무도 없는 방에서 오직 당신과의 조용한 시간을 위해 기다리고 계십니다.

사람들은 하루라는 시간을 여러 조각 내어 너무나도 분주하게 사용합니다. 하지만 한 조각의 조용한 시간을 만들고 가꾸는 데는 너무 서툴고 무관심합니다. 몇십 분의 조용한 시간을 만드는데 인색한 사람은 참으로 영혼이 가난할 수밖에 없는 사람입니다. 그러므로 자기만의 조용한 시간을 가꾸지 못하는 사람은 신앙도 인격도 잘 가꿀 수 없습니다.

큐티의 실행

큐티를 잘 하기 위해서는 아래의 5가지 순서를 지킬 필요가 있습니다.

(1) 성령님 의지 : 가장 먼저, 성경의 저자이자 하나님의 깊은 것까지 꿰뚫어 보시는 성령님의 도우심을 구하는 기도를 드립니다.

(2) 관찰 : 성경본문을 3회 정도 읽으세요. 전체적인 문단과 줄거리를 파악한 후 특히 반복, 대조 등을 통해 강조되고 있는 주제나 눈에 들어오는 부분이 있으면 주목하여 살핍니다.

(3) 해석 : 그 말씀의 의미가 무엇인지 성령님께 묻는 마음으로 생각합니다. 그리고 주티와 같은 큐티교재의 말씀해설부분을 참고하여 자신이 바르게 해석하고 있는지 점검합니다.

(4) 적용 : 오늘의 말씀이 자신의 현재 상황과 어떤 상관이 있는지 생각하고, 지금 나를 통해 하나님께서 하시기 원하는 일이 무엇인지를 찾습니다. 그리고 중요한 것은 반드시 적용노트를 펜으로 기록해야 한다는 것입니다. 종이에 기록하지 않은 것은 머리에도 기억되지 않습니다. 또한 펜으로 기록하는 과정에서 생각은 더욱 날카로워지게 됩니다. 그러므로 적용노트를 기록하지 않는 큐티는 큐티를 하지 않은 것과 같다고 생각하고 매일 적용노트를 쓰는 습관을 길러야 합니다. 그리고 이와 같은 적용노트가 쌓이면 두고두고 큰 재산이 될 것입니다.

(5) 삶과 나눔 : 진정한 큐티는 관찰, 해석, 적용을 마치고 성경책을 덮을 때 끝나는 것이 아니라, 시작되는 것입니다. 삶이 없는 큐티는 도리어 영혼을 병들게 한다는 사실을 명심해야 합니다. 특별히 우리가 큐티한 내용은 반드시 믿지 않는 사람들에게 나누어질 수 있도록 훈련해야 합니다.

왜냐하면 성도는 길을 찾고 있는 사람들에게 삶의 해석자가 되어줄 수 있는 존재이기 때문입니다. 그래서, 묵상의 은혜를 나눌 때 믿지 않는 친구들도 이해할 수 있고 거부감을 느끼지 않을 만한 일상적인 언어로 해야 함을 기억해야 합니다.

아침에 QT

하나님을 사랑하며 좋은 그리스도인이 되고자 하는 사람은 일찍 일어나야 합니다. '조용한 시간(Quiet Time)'이라는 말은 1882년, 캠브리지 대학교에서 처음으로 사용된 용어입니다. 이 말은 하루 일과가 공부와 강의, 운동 등으로 바쁘고 분주한 일들로만 가득 차 있고, 주님과의 조용한 교제가 없는 것을 발견한 몇몇 학생들이 하루 중 첫 시간을 하나님과 함께 보낼 계획을 세우고 그 명칭으로 정한 것입니다.

그러나 그들은 곧 아침 일찍 일어나는 것이 무척 힘들다는 것을 발견했습니다. 그래서 QT란 용어를 처음 고안한 손튼이라는 학생은 일찍 일어나게 하는 간단한 자동기계를 고안하기까지 했습니다. 그것은 침대 옆에 부착된 장치로서 자명종의 진동이 낚싯대를 튕기게 하여, 낚시줄에 걸려있던 담요가 잠자는 사람의 몸에서 들려 떨어지게 하는 것이었습니다.

그들은 정말 하나님을 만나기 위해 깨어있고 싶었던 것입니다!

새벽을 깨우는 그들의 이 QT운동은 슬로건이 되어 학교 내에 불붙게 되었고, 괄목할 만한 영적 축복의 기간이 임했으며, 결국 세계 선교의 역사를 바꾸어 놓은 '캠브리지 7인'을 중국 선교사로 파송케 하는 일을 이루어 놓았습니다.

많은 하나님의 자녀들이 하나님에 대한 헌신의 자세도 좋고, 사랑도 좋은데 연약한 신앙생활을 하고 있습니다. 그 이유는 다른 영적인 문제가 있는 것이 아니라 단지 너무 늦게 일어나기 때문입니다.

이른 아침은 주님과 왕래하며 교통하기에 가장 좋은 시간입니다. 사람이 평상시에 하는 기도는 이른 아침에 하는 기도보다 못하고, 평상시에 읽는 성경은 이른 아침에 읽는 성경보다 못합니다. 새벽은 성자의 시간입니다. 일찍 일어납시다!

큐티 사용 설명서

1. 모든 것은 기도로 시작합니다

식사 전에 기도하듯이 큐티 역시 기도로 시작해요.

말씀는 영혼의 양식이니까요.

자~알 먹겠습···니···

2. 본문 읽기는 3번 이상

적어도 세 번 이상는

한 번

본문을 읽어 보세요.

두 번

소화와 이해가 잘 되도록 꼭꼭 씹어먹는 거죠.

세 번

커~억

아~ 감동···

3. 영어 성경보기

그리고 영어성경을 읽어보면 말씀을 좀 더 입체적이고 풍성하게 볼수 있어!

OK!
No problem—

| 4. 풀이 읽기 |  |  |

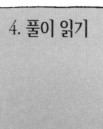

본문을 충분히 읽었다면 말씀풀이로 넘어가요.

도움글은 더 쉽고 깊은 묵상으로 들어가도록 도와줄 것입니다.

| 5. 적용하기 |  |  |

오늘 묵상한 말씀을 나의 생각과 생활에 잘 적용해 봅시다.

그래 결심했어!

그리고 그날의 깨달음과 새 각을 메모란에 기록하세요.

| 6. 기도하기 |  |  |

기도로 시작한 큐티는 기도로 정리합니다.

……?

두 줄 기도문이 기도를 도와줄 거예요.

"묵상"이란 말의 원어엔 '되새김질하다', '중얼거리다'라는 뜻이 있대요. 아침에 묵상한 말씀을 종일토록 생각과 입으로 되새김질하는 여러분이 되길 바라요^^

잘 알았죠 안녀~ ♥

마태를 부르신 예수님

마태복음 9:9-13

9 예수님께서 그 곳을 떠나 길을 가시다가, 마태라는 사람이 세관에 앉아 있는 것을 보셨습니다. 예수님께서 그에게 말씀하셨습니다. 나를 따라오너라. 그러자 마태는 일어나서 예수님을 따라갔습니다. 10 예수님께서 마태의 집에서 식사를 하실 때였습니다. 많은 세리들과 죄인들이 와서, 예수님과 제자들로 더불어 함께 식사를 하고 있었습니다. 11 바리새파 사람들이 이것을 보고 제자들에게 말했습니다. 어째서 너희 선생님은 세리들과 죄인들하고 함께 어울려 식사를 하느냐? 12 예수님께서 이 소리를 들으시고 말씀하셨습니다. 건강한 사람은 의사가 필요 없으나, 환자들은 의사가 필요하다. 13 너희는 가서 나는 희생 제물보다 자비를 원한다라는 말씀이 무슨 뜻인지 배워라. 나는 의인을 부르러 온 것이 아니라, 죄인을 부르러 왔다.

9 As Jesus went on from there, he saw a man named Matthew sitting at the tax collectors booth. Follow me, he told him, and Matthew got up and followed him. 10 While Jesus was having dinner at Matthews house, many tax collectors and sinners came and ate with him and his disciples. 11 When the Pharisees saw this, they asked his disciples, Why does your teacher eat with tax collectors and sinners? 12 On hearing this, Jesus said, It is not the healthy who need a doctor, but the sick. 13 But go and learn what this means: I desire mercy, not sacrifice. For I have not come to call the righteous, but sinners.

나를 좇으라

당시 로마의 세금징수는 국가 관리가 아닌 세금 청부업자를 통해 이루어졌습니다. 그런데 대부분의 청부업자는 이 권리를 남용하여 부당하게 돈벌이를 하였습니다. 따라서 이들 세리는 민족의 반역자요, 백성들의 착취자로 낙인 찍혔으며 종교적으로도 죄인 취급을 당했습니다. 그런데 예수님은 세관에 앉아 있는 이런 마태를 제자로 부르셨습니다. 또 그를 부르실 때 책망이나 경고, 혹은 그를 제자로 받아주는 자신의 너그러움에 대한 어떤 과시도 없이 단지 이렇게만 말씀하셨습니다. "나를 따르라." 이 때문에 다른 복음서의 저자들이 그 세리의 이름을 '레위'라는 별명으로 부르는 데 비해 당사자인 마태는 자기의 실명을 분명하게 밝히고 있습니다. 여기에는 자기 같은 죄인을 아무 조건없이 부르신 예수님의 은혜에 대한 감격이 잘 묻어나고 있습니다. 예수님은 죄인을 부르러 오신 분이십니다. 그분에게 있어 죄인을 용납하는 것은 특기입니다. 예수님은 오늘도 범죄한 우리를 아무런 조건 없이 부르시고 우리가 그 음성에 응답하고 나아갈 때 그저 받아주시는 분이십니다.

죄인의 구주

사람들은 알지 못했지만 레위 마태의 마음속에는 참된 삶에 대한 누구보다도 강렬한 열망이 있었습니다. 이 때문에 마태는 예수님의 소명에 즉각 순종하게 되었습니다. 그리고 너무도 감격한 그는 자기의 친구들을 불러 잔치를 열었습니다. 그곳에서 예수님은 세리와 죄인들의 친구가 되어 그들과 함께 잡수셨고, 그들 중에는 마태처럼 예수님을 좇는 자들이 많이 생기게 되었습니다. 한편, 바리새인들은 예수님께서 세리와 죄인들과 어울리는 것에 대해 비방했습니다(11). 하지만, 예수님은 스스로 의인이라고 생각하는 사람에게 종교적인 장신구 하나를 더 얹어주시기 위해 오신 분이 아닙니다. 주님은 마지막 희망을 가지고 수술대에 오르는 것 같은 절체절명의 죄인을 위해 오신 분입니다. 이어서 예수님은 바리새인들에게, 사랑 없는 제사는 무가치하며 하나님의 뜻을 알지 못하는 종교 행위는 역겨운 것이라는 성경의 경고가 무슨 뜻인지 생각해 보라고 책망하셨습니다(호 6:6). 종교적인 의무를 열심히 지키고 있다 하더라도 사랑과 긍휼이 없다면, 그는 아직 하나님의 뜻을 전혀 깨닫지 못한 사람인 것입니다.

주님이 저와 같이 죄 많고 소망 없는 자를 부르러 오신 분이셔서 감사드립니다. 예수님의 이 은혜와 부르심에 합당한 삶을 사는 자가 되게 하옵소서.

아버지의 마음

누가복음 15:11-24

11 예수님께서 말씀하셨습니다. 어떤 사람에게 두 아들이 있었다. 12 그런데 작은아들이 아버지에게 말했다. 아버지, 제가 받을 몫의 재산을 주십시오. 그러자 아버지는 재산을 두 아들에게 나누어 주었다. 13 며칠 뒤에 작은아들은 모든 재산을 모아서 먼 마을로 떠나 버렸다. 거기서 그는 방탕한 생활을 하다가 재산을 다 날려 버렸다. 14 모든 것을 다 써 버렸을 때, 그 마을에 큰 흉년이 들었다. 그래서 그는 아주 가난하게 되었다. 15 그는 그 마을에 사는 한 사람에게 가서 더부살이를 하였다. 집주인은 그를 들판으로 보내 돼지를 치게 하였다. 16 그는 돼지가 먹는 쥐엄나무 열매를 먹어 배를 채우고 싶은 마음이 간절했다. 그러나 주는 사람이 없었다. 17 그제서야 그는 제정신이 들어 말했다. 내 아버지의 품꾼들에게는 양식이 풍족하여 먹고도 남는데 나는 여기서 굶어 죽는구나. 18 일어나 아버지께 돌아가 말해야겠다. 아버지, 저는 하나님과 아버지 앞에 죄를 지었습니다. 19 저는 더 이상 아버지의 아들이라고 불릴 자격이 없습니다. 저를 아버지의 품꾼 가운데 하나로 여기십시오. 20 그 아들은 일어나 아버지에게로 갔다. 그 아들이 아직 먼 거리에 있는데, 아버지가 그를 보고 불쌍히 여겨 달려가 아들을 끌어안고 입을 맞추었다. 21 아들이 아버지에게 말하였다. 아버지, 저는 하나님과 아버지 앞에 죄를 지었습니다. 저는 아버지의 아들이라고 불릴 자격이 없습니다. 22 그러나 아버지는 종들에게 말했다. 서둘러 가장 좋은 옷을 가져와서 아들에게 입혀라. 또 손가락에 반지를 끼워 주고 발에 신발을 신겨라. 23 그리고 살진 송아지를 끌고 와서 잡아라. 우리가 함께 먹고 즐기자. 24 내 아들이 죽었다가 다시 살아났고, 잃어버렸다가 다시 찾았다. 그래서 그들은 함께 즐기기 시작하였다.

11 Jesus continued: There was a man who had two sons. 12 The younger one said to his father, Father, give me my share of the estate. So he divided his property between them. 13 Not long after that, the younger son got together all he had, set off for a distant country and there squandered his wealth in wild living. 14 After he had spent everything, there was a severe famine in that whole country, and he began to be in need. 15 So he went and hired himself out to a citizen of that country, who sent him to his fields to feed pigs. 16 He longed to fill his stomach with the pods that the pigs were eating, but no one gave him anything. 17 When he came to his senses, he said, How many of my fathers hired men have food to spare, and here I am starving to death! 18 I will set out and go back to my father and say to him: Father, I have sinned against heaven and against you.

돌아온 둘째 아들

어떤 사람에게 두 아들이 있었는데 그중 둘째 아들이 아버지가 죽기 전 먼저 자기 몫의 유산을 달라고 요구했습니다. 이 같은 요구는 위계질서가 엄한 유대사회에서 있을 수 없는 패륜이었습니다. 그리고 그는 아버지가 유산을 나누어주자 며칠이 안 되어 모든 재산을 처분하여 먼 나라로 갔고, 거기서 허랑방탕하며 그 재산을 낭비하였습니다. 이 같은 둘째 아들의 모습은 하나님을 모시기 싫어하고 자기 마음대로 살기 원하는 타락한 인간의 본성을 잘 보여줍니다. 그리고 이처럼 하나님을 떠난 인생은 어떤 면으로든지 소중한 인생을 허랑방탕하며 낭비할 수밖에 없습니다. 결국, 모든 재산을 날리고 돼지가 먹는 쥐엄 열매로도 주린 배를 채울 수 없게 된 아들은 그제야 '스스로 돌이켜' 아버지의 집에 있는 것이 얼마나 풍성한 삶인지를 깨닫고, 일어나 집으로 돌아가기로 합니다. 17절에 나오는 '스스로 돌이켜'라는 표현은 회개의 뜻을 가장 정확하게 설명해 줍니다. 그리고 회개는 둘째 아들이 내린 가장 위대한 결정이었습니다.

아버지의 기쁨

돌아오는 둘째 아들을 본 아버지는 아직 거리가 먼데 달려가, 측은히 여겨 목을 안고 입을 맞추었습니다. 이는 전혀 예기치 못한 반응이었습니다. 자기 때문에 부모와 가문의 명예가 더럽혀졌고, 게다가 자신은 재산을 다 탕진하고 창기와 어울리고 돼지를 치는 부정한 죄를 저질렀기 때문입니다. 아들은 '내가 하늘과 아버지께 죄를 지었사오니 지금부터는 아버지의 아들이라 일컬음을 감당하지 못하겠나이다'라고 하면서 품꾼의 하나로라도 받아주시기를 청원했습니다. 그런데 아버지는 더 놀랍게도 그에게 좋은 옷을 입히고, 손에 가락지를 끼우고, 발에 신을 신기고, 그를 위해 살진 송아지를 잡아다가 잔치까지 베풀어 주었습니다. 여기서 좋은 옷은 아들의 영광을, 가락지는 아들의 권세를, 신은 자유자의 신분을 상징합니다. 아버지가 이렇게 기뻐한 것은 단지 죽었다가 다시 살아났고 잃었다가 다시 얻은 것과 같은 아들의 생명에 집중했기 때문입니다. 이 비유에 나오는 아버지는 하나님의 마음을 잘 보여줍니다. 하나님은 잃어버린 한 영혼이 생명 얻는 것을 천하 만물보다 더 기뻐하십니다. 하나님은 우리를 위해 지금도 사랑을 허비하고 있습니다.

저와 같이 죄 많고 미련한 자도 하나님의 자녀로 받아 주심을 감사드립니다. 저도 하나님 아버지의 마음으로 잃어버린 영혼들을 찾는 자가 되게 하옵소서.

처음 표적

요한복음 2:1-11

1 삼 일째 되던 날에 갈릴리에 있는 가나라는 마을에서 결혼식이 열렸습니다. 예수님의 어머니도 결혼식에 참석하였고, 2 예수님과 그분의 제자들도 결혼식에 초대받았습니다. 3 포도주가 바닥났을 때, 예수님의 어머니가 예수님께 이 집의 포도주가 다 떨어졌구나 라고 말해 주었습니다. 4 예수님께서는 어머니, 왜 저에게 이런 부탁을 하십니까? 저의 때가 아직 오지 않았습니다라고 대답하셨습니다. 5 예수님의 어머니는 하인들에게 그분이 시키시는 일은 무엇이든지 하여라 하고 말해 두었습니다. 6 그 집에는 돌로 만든 물 항아리가 여섯 개 있었습니다. 이 항아리는 유대인들이 정결 예식에 사용하는 항아리들이었습니다. 그것은 각각 물 두세 동이를 담을 수 있는 항아리였습니다. 7 예수님께서 하인들에게 항아리에 물을 채워라 하고 말씀하셨습니다. 하인들은 항아리에 물을 가득 채웠습니다. 8 그러자 예수님께서는 그들에게 자, 이제 그것을 퍼다가 잔치를 주관하는 사람에게 갖다 주어라 하고 말씀하셨습니다. 하인들은 물을 떠서 잔치를 주관하는 사람에게 갖다 주었습니다. 9 하인이 떠다 준 물을 잔치를 주관하는 사람이 맛보았을 때, 그 물은 포도주가 되어 있었습니다. 그는 그 포도주가 어디서 난 것인지 알지 못하였지만, 물을 가져온 하인들은 알고 있었습니다. 잔치를 주관하는 사람은 신랑을 불렀습니다. 10 그리고 그에게 사람들은 항상 처음에 좋은 포도주를 내놓고, 손님들이 취한 다음에는 값싼 포도주를 내놓는 법인데, 당신은 지금까지 가장 좋은 포도주를 보관하고 계셨군요 하고 말하였습니다. 11 예수님께서는 이 첫 번째 표적을 갈릴리 가나에서 행하셨으며, 거기서 그의 영광을 보여 주셨습니다. 그러자 그의 제자들이 그를 믿게 되었습니다.

1 On the third day a wedding took place at Cana in Galilee. Jesus mother was there, 2 and Jesus and his disciples had also been invited to the wedding. 3 When the wine was gone, Jesus mother said to him, They have no more wine. 4 Dear woman, why do you involve me? Jesus replied, My time has not yet come. 5 His mother said to the servants, Do whatever he tells you. 6 Nearby stood six stone water jars, the kind used by the Jews for ceremonial washing, each holding from twenty to thirty gallons. 7 Jesus said to the servants, Fill the jars with water; so they filled them to the brim. 8 Then he told them, Now draw some out and take it to the master of the banquet. They did so, 9 and the master of the banquet tasted the water that had been turned into wine. He did not realize where it had come from, though the servants who had drawn the water knew. Then he called the bridegroom aside

마리아의 믿음

예수님은 제자들과 함께 갈릴리 가나의 한 결혼식에 초청을 받았는
데, 마침 그 집에 포도주가 떨어져버렸습니다. 유대인들의 잔치에
는 포도주가 가장 중요한 음식으로 포도주가 떨어진 것은 손님들에
게 큰 실례가 되는 일이었습니다. 이런 상황이 바뀔 수 있는 계기를
만든 것은 마리아의 믿음입니다. 그녀는 이 사정을 제일 먼저 예수
님께 가지고 나와 알렸습니다(3). 하지만 예수님은 이런 마리아의
요청을 거절하셨습니다(4). 이것은 예수님께서 마리아를 육신의 어
머니라는 자리에서 내려와 피조물의 자리에 서게 하기 위한 것이
며, 흥청망청하는 잔치집의 분위기가 자신의 메시야 됨을 보일 적
절한 시점이 아니라고 말씀하는 것입니다. 그러나 마리아는 이같은
서운한 반응에도 불구하고 하인들에게 "너희에게 무슨 말씀을 하시
든지 그대로 하라"고 부탁하고 있습니다(5). 이처럼 자신의 공로나
자격이 무시당하는 상황에도 불구하고 예수님의 도우심을 신뢰하
는 모습이야 말로 참된 믿음이 무엇인지 잘 보여주고 있습니다.

하인들의 순종

예수님의 때가 이르게 한 또 한가지 요소는 하인들의 순종입니다.
예수님은 하인들에게 80-120리터 들어가는 돌항아리 여섯에 물을
채우라고 했습니다. 그런데 이 물은 발씻는데 쓰는 것으로 이미 손
님 대부분이 와서 발을 씻었기 때문에 더 이상 필요하지 않은 것이
었습니다. 하지만 눈코 뜰새 없이 바쁜 하인들은 예수님의 말씀에
순종하여 돌항아리에 물을 채우되 아귀까지 가득 채웠습니다(7).
그러자 예수님은 "이제는 떠서 연회장에게 갖다주라"고 했습니다
(8). 안 그래도 포도주가 떨어져 스트레스를 받고 있을 연회장에게
발 씻는 물을 떠주는 것은 얼마나 위험천만한 일입니까? 하지만 하
인들은 다시한번 자기의 생각을 내려놓고 예수님의 말씀대로 순종
했습니다. 그러자 그 물은 포도주로 변하게 되었습니다. 물로 된 포
도주를 맛본 연회장은 신랑을 불러 "지금까지 가장 좋은 포도주를
보관하고 계셨군요"라고 하며 감탄했습니다(10). 연회장의 이 말은
하나님나라의 모습을 잘 보여줍니다. 세상의 즐거움은 갈수록 식
상하고 초라해지지만 하나님이 주시는 기쁨은 갈수록 더 아름답고
영광스러워지는 것입니다.

예수님, 나도 마리아의 믿음과 하인들의 순종을 가짐으
로 포도주가 떨어진 잔치집 같은 인생에서 갈수록 맛있
어지는 포도주 같은 삶을 살수 있게 도와주세요.

41

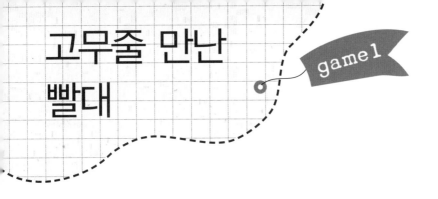

고무줄 만난 빨대

game 1

준비물

★ 고무줄: 한 팀당 30개 정도
★ 빨대: 인원수만큼(일자형이 아닌 끝이 구부러지는 빨대)
★ 접시

진행

1. 각 팀의 접시에는 고무줄을 담아둔다.
2. 각 팀은 선두를 기점으로 일렬로 줄을 선다. 자세는 열중쉬어로 한다.
3. 팀원 전원에게 빨대를 나눠주어 빨대를 입에 문다.
4. 도우미들은 각 팀의 제일 앞 사람에게 고무줄을 지급한다.
5. 빨대를 이용하여 고무줄을 하나씩 연속해서 뒤로 전달하며 릴레이로 진행한다.
   (맨 뒤의 친구는 자신의 빨대에 고무줄을 모아두고 걸어둔다.)
6. 제한된 시간동안 고무줄을 맨 끝 사람에게 가장 많이 전달한 팀이 승리한다.

도움말

★ 손을 사용하여 전달할 수 없다.

[응용게임]

★ 맨 뒷줄에 남자선생님을 세우고 뒤로 이동해 온 고무줄을 머리에 묶는다.
   머리에 묶은 고무줄 수가 가장 많은 팀이 이긴다.

다이얼을 돌려라!

game 2

준비물
★ 핸드폰 조별로 2대씩

진행
1. 각 팀별로 핸드폰 2대를 준비한다.
2. 각 팀은 팀 안에서 전화를 거는 쪽 사람과 받는 쪽 사람으로 나눈다.
3. 전화를 거는 쪽은 진행자로부터 메시지를 전달 받는다.
4. 진행자는 메시지를 풀어서 거는 사람에게 준다.
   (예: 요한복음 삼장 십육 절 또는, 마태복음 십육 장 십육 절)
5. 진행자의 시작 소리와 함께 동시에 문자메시지를 자기편에게 보낸다.
6. 문자메시지를 받은 사람은 문자창에 뜬 메시지를 성경에서 본문을 찾아
   다시 자기편 사람에게 전화를 걸어 먼저 읽어 주는 쪽이 승리한다.

도움말
★ 거는 쪽과 받는 쪽 사람들의 거리를 최대한 멀리 한다.
★ 조끼리는 같은 핸드폰을 사용한다.
★ 성경 본문은 형평성을 고려하여 정한다.
★ 한 사람의 핸드폰만 집중 사용하여 요금이 많이 나오지 않도록 한다.
★ 핸드폰을 사용하는 예절을 지킨다.
★ 성경본문은 숫자로 보내지 않도록 한다.

[응용게임]
★ 반대로 성경본문을 전송하고 몇 장 몇 절인지 조에서 찾게 하여 게임을
   진행할 수도 있다.

뭐라고?

라라라라라…

준비물

★ 소리 나는 악기(기타, 드럼)
★ 물총

진행

1. 기본은 공격 3명, 수비 5명으로 한다.

A   B

●: 공격수   ×:수비수

2. 위 그림처럼 자리를 잡고 공격수와 수비수를 서게 한다.
3. A쪽에 있는 공격수에게 게임 리더는 단어나 문장을 하나씩 준다.
　 (예: 우리는 한 가족, 꿈을 꾸는 청소년, 예수님 I LOVE YOU 등)
4. A공격수는 B쪽의 같은 편 공격수에게 제한시간 1분 동안 문장을 전달해야 한다.
5. 수비들은 그 단어나 문장이 전달되지 않도록 "뭐라고?"를 크게 외치거나, 악기와
　 함께 찬양을 하거나, 물총을 사용해서 방해를 한다.
6. 이런 식으로 공격과 수비를 교대로 진행하여 B쪽의 어느 팀 공격수가 짧은 시간에
　 단어나 문장을 많이 맞추는가에 따라 승패를 결정한다.

도움말

★ 공격수를 방해할 수 있는 것은 안전한 범위 내에서 사용하면 좋다.
★ 인원과 제한 시간을 상황에 따라 조절하여 진행한다.

저 | 자 | 소 | 개

권지현(kjhgtm@empal.com)

지티엠의 대표이며 다음세대교회 담임목사로 있습니다. 청소년 신앙지 「왕의 아이들」 발행인과 두란노서원 「예수나라」편집장을 역임했으며, 현재 「세계를 품는 경건의 시간 GT」의 편집인과 「주니어 GT, 주티」의 발행인으로 집필을 담당하고 있습니다. 코스타 와 유스 코스타의 강사로 섬기고 있으며, 청소년 성경공부 교재 〈글로벌틴〉시리즈와 장 년 성경공부교재 〈스파크 셀양육〉시리즈를 집필하고 있습니다.

일 | 러 | 스 | 트

강복숭

디자인 멘토링 그룹 HEARTBEE(www.heartbee.com)대표. 주요 클라이언트로는 지티엠, 두 란노, 디모데등과 디자인하우스, 풀무원, 대한항공, 삼성그룹, SK그룹 등이 있으며 2005 년도 부터 국제구호단체 월드비전에 재능을 기부하고있습니다.

이원상

애니메이션으로 본격적인 그림 활동을 시작하여 만평, 동화, 삽화 등 다수 서적에 일러스 트를 맡아서 작업했습니다. 현재 지티엠, 두란노, 시사영어사, EBS 등의 출판사 및 방송국 일러스트레이터와 애니메이션 기획, 제작자로 활동하고 있습니다.

청소년 수련회 · 제자훈련 교재

영접 주인공 바꾸기

발행일 | 2008. 7. 24
초판 4쇄 | 2009. 12. 22
지은이 | 권지현
발행처 | 지티엠
등록 | 제10-0763호 서울시 광진구 구의동 253-36 3층 GTM
영업 | 함창일 (02)453-3848 FAX 453-3836
전화 | (02)453-3818
팩스 | (02)453-3819
영업 | (02) 453-3848 FAX 453-3836
총판 | 기독교출판유통 (031)906-9191~4
표지일러스트 | 강복숭
내지일러스트 | 이원상
디자인 | GTM 디자인실
책임편집 | 남유림
인쇄처 | 아트프린팅

www.gtm.or.kr
ISBN 89-85447-62-3
ISBN 978-89-85447-62-1